NOVELAS EM ALTA VELOCIDADE

DINO CAMPANA

NOVELAS EM ALTA VELOCIDADE

Tradução, apresentação e notas
PAULO MALTA

© 1999, by Editora Nova Aguilar S.A.

Editora Nova Aguilar S.A.
Rua Dona Mariana, 205 casa 1
Botafogo – 22280-020
Rio de Janeiro – RJ
Tel/ Fax: (021) 537.8275 – 537.7189
E-mail: naguilar@easynet.com.br

Capa
VICTOR BURTON

CIP-BRASIL. CATALOGAÇÃO-NA-FONTE
SINDICATO NACIONAL DOS EDITORES DE LIVROS, RJ

C194n
    Campana, Dino, 1885-1932
      Novelas em alta velocidade / Dino Campana ; tradução de Paulo Malta. — Rio de Janeiro : Lacerda Ed., 1999

      Tradução: Canti orfici
      ISBN 85-7384-033-1

      1. Poesia italiana. I. Malta, Paulo. II. Título.

99-0187.
                                                                    CDD 853
                                                                    CDU 850-3

SUMÁRIO

Nota Editorial, 7
Apresentação, 11
Cronologia, 15

O Russo, 21
O encontro com Regolo, 29
Pampa, 35
Passeio de bonde na América e retorno, 43
Siroco (Bolonha), 49
A jornada de um neurastênico (Bolonha), 57
Sonho de prisão, 65
Crepúsculo mediterrâneo, 67
Dualismo (Carta aberta a Manuelita Etchegarray), 71

Notas, 77

NOTA EDITORIAL

Em 1914, às vésperas do aparecimento do Futurismo na língua portuguesa, através da geração de *Orfeu* em Portugal, Dino Campana publicava em Marradi, perto de Florença, os *Cantos órficos*, de onde foram extraídas estas *Novelas em alta velocidade*. Poeta puro, vagabundo e louco, tendo passado boa parte da vida entre viagens sem destino e internações em instituições psiquiátricas, com Campana chegava à poesia italiana o influxo de Whitman e Rimbaud, no mesmo momento em que nomes como os de Carrà, Boccioni, De Chirico, Soffici ou Sironi traziam para as artes plásticas a violência, a velocidade e a imaginação do seu tempo.

Herdeiro por um lado da impulsão romântica pela noite, pela inconsciência e pela morte, por outro das imensas aberturas expressivas criadas pelo Simbolismo, e ao mesmo tempo contemporâneo de cubistas e futuristas, numa geração que sonhava com o "homem multiplicado", com a "físico-loucura", e que cultuava as feras e os loucos, "lavados de qualquer sujeira da

lógica", em Campana se encarnava, de forma tragicamente concreta, o gênio da nova sensibilidade, na busca de um sublime moderno, objetivo de uma postura estética radicalmente totalizante e de uma ambição quase extática perante a criação e a destruição. Para nós, de língua portuguesa, é difícil não traçar imediatamente, em relação a Campana, um paralelo com Ângelo de Lima, o louco de Rilhafoles e poeta de *Orfeu*, autor de alguns dos mais belos poemas da língua, ainda que em estilo muito diverso, e seu nunca sabido companheiro de geração e de abismo.

Quando de uma de suas internações no manicômio de Castel Pulci, ditou o autor dos *Cantos órficos* — esse que é hoje considerado um dos maiores nomes da poesia italiana do século XX — em um intervalo de lucidez, a seguinte biografia:

> Aos quinze anos estive em um colégio no Piemonte, em Carmagnola, perto de Turim. Mais tarde na Universidade de Bolonha. Não tive sucesso com a química. E então dediquei-me um pouco a escrever e um pouco à vagabundagem. Era impelido a uma espécie de mania de vagabundagem. Uma espécie de instabilidade me impelia a mudar continuamente... Deveria estudar letras. Se estudasse letras poderia viver. A química eu absolutamente não compreendia, por isso me abandonei ao nada. Estive alguns meses na prisão. Dois ou três meses na Suíça, em Basiléia; por arruaça. Briguei com um suíço: as contusões. Não fui

condenado. Tinha um parente, me recomendou. Na Itália, preso, e depois um mês na prisão, em Parma, por volta de 1902-1903. Estive no manicômio de Imola, do professor Brugia: estive ali quatro meses. Na Bélgica, depois de Imola, no manicômio de Tournay, outros quatro meses... Fazia alguns trabalhos. Por exemplo: temperar os ferros: temperava uma foice, um machado. Fazia-os para viver. Fui tocador de triângulo na Marinha Argentina. Fui porteiro de um circo em Buenos Aires. Exerci tantos trabalhos. Empilhei blocos de tijolos na Argentina. Dorme-se fora nas tendas. É um trabalho leve mas monótono. Na Argentina desaprendi até a aritmética. Não fosse isso, ter-me-ia empregado como contador... Fui carvoeiro nos navios mercantes, o foguista. Fiz-me de policial na Argentina, quer dizer, de bombeiro: lá os bombeiros têm alguma obrigação de manter a ordem. Estive em Odessa. Vendia serpentinas nas feiras... Conheço bem várias línguas... Voltei da Suíça para a Itália para não desertar. Na Itália viram que eu havia estado no manicômio e não me chamaram a serviço. Assim, dessa maneira, fiquei desocupado. Vendia os *Cantos órficos* no *Paszkowski* e no *Casacos Vermelhos*, em Florença; no *Café de São Pedro*, em Bolonha. Se eu vendia esse livro era porque era pobre... Todos me irritavam um pouco. Os futuristas achavam-no vazio, por exemplo. Tinha uma forte neurastenia.

Expressando-se igualmente no verso e na prosa, versos livres ou em formas fixas, poemas em prosa mais do que qualquer forma narrativa tradicional, é a essa categoria do poema em prosa, criada e transfigurada por Baudelaire e Rimbaud, que podemos filiar estas *Novelas em alta velocidade*. Construídos a partir de fugazes observações biográficas, através de sua vida de maníaco deambulatório, estes poemas em prosa reconstroem expressionisticamente os cenários urbanos, humanos e naturais, os personagens e as paisagens onde o poeta visionário ia recolher a sua poesia.

Nunca publicado no Brasil, Dino Campana nos traz, através destas *Novelas em alta velocidade*, um dos registros essenciais de um momento incomparável da literatura e das artes na Itália do século XX.

Alexei Bueno

APRESENTAÇÃO

Dino Campana nasceu em Marradi, província de Florença. Em sua cidade natal e em Faenza concluiu os estudos elementares e, entre 1903 e 1912, ora na Universidade de Bolonha, ora no Instituto de Estudos Superiores de Florença, fez o curso de química farmacêutica.

Com apenas quinze anos, surgem os primeiros sinais da doença mental, caracterizada, conforme o relato de seu pai, por uma "impulsividade brutal, mórbida, em família, sobretudo com sua mãe" e desde então, como um "duplo", a loucura seguiria seus passos até o fim em Castel Pulci.

Campana levou uma vida legendária, dolorosamente real, de poeta, andarilho e louco. O gosto exacerbado pela aventura, pela viagem, muito cedo conduziu-o às paragens mais diversas, sobrevivendo precariamente por seus próprios meios e em tarefas insólitas como foguista em cargueiros, vendedor de calendários e serpentinas nos subúrbios de Odessa, porteiro de circo em Buenos Aires, carvoeiro em Montevidéu...

A arte de Dino Campana está contida em um único livro, os *Cantos órficos**, que ele mesmo vendia aos amigos e freqüentadores dos bares florentinos. Publicado em 1914 e dedicado ao imperador alemão Guilherme II para, segundo o poeta, escandalizar os seus conterrâneos, é uma obra singular, plena de ritmos bizarros e desconcertantes nascidos da angústia profunda, das obscuras raízes da dor, tendo sido fonte límpida para os chamados poetas "herméticos", dentre os quais destacam-se Ungaretti e Montale.

No *Caderno faentino* encontra-se o seguinte apontamento: "Novelas (título do livro: incidentes) em grande velocidade". O apontamento indica a feição que o autor, finalmente, daria a sua obra, em verso e prosa, sendo a primeira parte, seguindo a tradição, constituída pelos *Noturni* e a segunda parte pelas novelas, as "*novelle poetiche*" àquela altura já tocadas pelo vento renovador das artes do início do século. Ágeis, incisi-

---

* Os textos selecionados seguem a primeira edição (1989) dos *Canti orfici* da Biblioteca Universale Rizzoli (B. U. R), com introdução e comentários de Fiorenza Ceragioli. Além das reedições dos *Canti*, as obras mais importantes publicadas após a morte do poeta são a sua correspondência: *Le mie lettere sono fatte per essere bruciate*, o *Taccuinetto faentino* e *Souvenir d'un pendu*; os estudos sobre sua obra são inúmeros e entre os testemunhos da sua vida cumpre destacar o de Pariani, C.: *Vite non romanzate, de Dino Campana scrittore e di Evaristo Boncinelli scultore* e Ravagli. F.: *Dino Campana e i goliardi del suo tempo (1911/14)*.

vas, com sintaxe alterada e farto componente autobiográfico, saídas do crisol futurista, as novelas em grande velocidade retratam antes de tudo a face cruel do mundo e, em meio à voragem, direito, um átomo, o poeta, parece reafirmar que somente o Sonho pode redimir o homem.

Paulo Malta
Rio (Castelo), 10. 97

CRONOLOGIA

1885   Nasce a 20 de agosto em Marradi.

1888   Nasce seu irmão, Manlio Campana.

1897   Estuda no Convento Salesiano de Faenza.

1900   Primeiras manifestações da doença mental.

1903   Faz o primeiro ano de química pura na Universidade de Bolonha. Viaja para a Ucrânia e se deixa ficar em Odessa.

1904   No começo do ano retorna a Marradi e retoma o curso de química, agora química farmacêutica, no Instituto de Estudos Superiores de Florença.

1905   Faz o terceiro ano de química farmacêutica na Universidade de Bolonha.

1906   Em março chega a Florença e por estar "um tanto desequilibrado da mente", é mandado para sua casa em Marradi. Entre junho e julho viaja pela Suécia e França donde mais uma vez é mandado para Marradi. Entre setembro e outubro, a pedido de seu pai, é internado no manicômio de Imola.

1907   Faz o quarto ano de química farmacêutica ainda na Universidade de Bolonha. No início de setembro, através de seu pai, concedem-lhe o visto para Buenos Aires.

1908   Viaja para a América do Sul, tendo estado na Argentina e no Uruguai.

1910   Retornando da América do Sul, desembarca na Bélgica e por não ter "pouso certo", é confinado na sombria penitenciária de St. Gilles e em seguida no manicômio de Tournay. Em junho é repatriado. Peregrinação a Verna.

1911   Viaja para a Alemanha.

1912   Em novembro matricula-se na Universidade de Bolonha no curso de química pura. Publica *"Le Cafard"*, *"Dualismo"* e *"Montagna-La chimera"* no jornal estudantil *O Papiro*.

1913   Em fevereiro o jornal estudantil *O Goliardo* publica *"Torre rossa-Scorcio"*. Transfere-se para a Universidade de Gênova. Em março é preso e mandado de volta para Marradi. Deixa na redação da revista *Lacerba*, aos cuidados de Papini e Soffici, o manuscrito do poema *"Il più lungo giorno"*, embrião dos *Canti orfici*.

1914   Em junho, em Marradi, assina o contrato para a publicação dos *Canti orfici* e em novembro a revista *Lacerba* publica *"Sogno di prigione"*, *"L'incontro di Regolo"* e *"Piazza Sarzano"*. Mantém

	intensa correspondência com Cecchi, Serra, Papini, Soffici, Carrà, Boine entre outros.
1915	Vai para Genebra onde trabalha junto ao Comitê da Sociedade Italiana. Com a entrada da Itália na guerra, apresenta-se como voluntário, mas não é aceito.
1916	Publica "*Vecchi versi*" na revista *Riviera Ligure* e muda-se para Lastra para onde seu pai fora transferido. Em maio é preso em Livorno por suspeita de espionagem. Encontro com Sibilla Aleramo, o grande amor da sua vida, com quem mantém uma relação turbulenta até o início do ano seguinte.
1917	Novamente preso e em seguida solto por intervenção de Sibilla Aleramo.
1918	Em janeiro é internado no manicômio de Castel Pulci, em Florença, donde não mais sairá.
1920	Na antologia *Poeti d'oggi* vem publicado "*La matrona*", "*La petite promenade du poète*", "*Sulla falterona*", "*Presso la Verna*", "*Toscana*" e "*Marradi (antica volta, specchio velato)*".
1928	Bino Binazzi publica a segunda edição dos *Canti orfici*.
1932	Morre em Castel Pulci e é sepultado no cemitério de San Colombano. Em 1942, por iniciativa de Falqui e Bargellini, é feita uma subscrição pública e seus restos mortais são transladados para a igreja de Badia a Settimo.

NOVELAS
    EM
        ALTA
            VELOCIDADE

IL RUSSO*

(DA UNA POESIA DELL'EPOCA)

Tombè dans l'enfer
Grouillant d'êtres humains
O Russe tu m'apparus
Soudain, céléstial
Parmi de la clameur
Du grouillement brutal
D'une lâche humanité
Se pourissante d'elle même.
Se vis ta barbe blonde
Fulgurante au coin
Ton âme je vis aussi
Par le gouffre réjetée
Tom âme dans l'étreinte
L'êtreinte déséspérée
Des Chimères fulgurantes
Dans le miasme humain.
Voilà que tu ecc. ecc.

In un ampio stanzone pulverulento turbinavano i rifiuti della società. Io dopo due mesi di cella ansioso di rivedere degli esseri umani ero rigettato come da onde

O RUSSO

(DE UMA POESIA DA ÉPOCA)[1]

Tombè dans l'enfer
Grouillant d'êtres humains
O Russe tu m'apparus
Soudain, céléstial
Parmi de la clameur
Du grouillement brutal
D'une lâche humanité
Se pourissante d'elle même.
Se vis ta barbe blonde
Fulgurante au coin
Ton âme je vis aussi
Par le gouffre réjetée
Ton âme dans l'étreinte
L'étreinte désésperée
Des Chimères fulgurantes
Dans le miasme humain.
Voilà que tu ecc. ecc.

Em um casarão poeirento revoluteavam os refugos da sociedade. Depois de dois meses de cela eu estava ansioso para rever os seres humanos jogados como por

ostili. Camminavano velocemente come pazzi, ciascuno assorto in ciò che formava l'unico senso della sua vita: la sua colpa. Dei frati grigi dal volto sereno, troppo sereno, assisi: vigilavano. In un angolo una testa spasmodica, una barba rossastra, un viso emaciato disfatto, coi segni di una lotta terribile e vana. Era il russo, violinista e pittore. Curvo sull'orlo della stufa scriveva febbrilmente.

*

"Un uomo in una notte di dicembre, solo nella sua casa, sente il terrore della sua solitudine. Pensa che fuori degli uomini forse muoiono di freddo: ed esce per salvarli. Al mattino quando ritorna, solo, trova sulla sua porta una donna, morta assiderata. E si uccide". Parlava: quando, mentre mi fissava cogli occhi spaventati e vuoti, io cercando in fondo degli ochhi grigio-opachi uno sguardo, uno sguardo mi parve di distinguere, che li riempiva: non di terrore: quasi infantile, inconscio, come di meraviglia.

*

Il Russo era condannato. Da diciannove mesi rinchiuso, affamato, spiato implacabilmente, doveva confessare,

ondas hostis. Caminhavam velozmente como loucos, alguns absortos naquilo que constituía o único sentido da sua vida: a sua culpa. Os frades grisalhos com rostos serenos, muito serenos, sentados, vigiavam. Num canto uma cabeça espasmódica, uma barba ruiva, um rosto magro desfeito, com sinais de luta terrivel e vã. Era o russo, violinista e pintor. Curvado sobre a borda da lareira escrevia febrilmente.

*

"Numa noite de dezembro, sozinho em sua casa, um homem sente o terror da sua solidão. Pensa que lá fora os homens talvez morram de frio: e sai para salvá-los. De manhã quando retorna, sozinho, encontra uma mulher em sua porta, morta enregelada. E se mata". Dizia: enquanto me fixava com olhos amedrontados e vazios, eu a procurar no fundo dos olhos cinza-opacos um olhar, me pareceu distinguir um olhar que lhe preenchia: um olhar não de terror: quase infantil, involuntário, como espantado.

*

O Russo estava condenado. Há dezenove meses fechado, esfomeado, vigiado implacavelmente, devia confessar,

aveva confessato. E il supplizio del fango! Colla loro placida gioia i frati, col loro ghigno muto i delinquenti gli avevano detto quando con una parola, con un gesto, con un pianto irrefrenabile nella notte aveva volta a volta scoperto un po' del suo segreto! Ora io lo vedevo chiudersi gli orecchi per non udire il rombo come di torrente sassoso del continuo strisciare dei passi.

*

Erano i primi giorni che la primavera si svegliava in Fiandra. Dalla camerata a volte (la camerata dei veri pazzi dove ora mi avevano messo), oltre i vetri spessi, oltre le sbarre di ferro, io guardavo il cornicione profilarsi al tramonto. Un pulviscolo d'oro riempiva il prato, e poi lontana la linea muta della città rotta di torri gotiche. E così ogni sera coricandomi nella mia prigionia salutavo la primavera. E una di quelle sere seppi: il Russo era stato ucciso. Il pulviscolo d'oro che avvolgeva la città parve ad un tratto sublimarsi in un sacrifizio sanguigno. Quando? I riflessi sanguigni del tramonto credei mi portassero il suo saluto. Chiusi le palpebre, restai lungamente senza pensiero: quella sera non chiesi altro. Vidi che intorno si era fatto scuro. Nella camerata non c'era che il tanfo e il respiro sordo dei pazzi addormentati dietro le loro chimere. Col capo af-

havia confessado. E o suplício da vergonha! Os frades com sua plácida alegria, os delinqüentes com seus gracejos silenciosos diziam conhecer um pouco do seu segredo, revelado, às vezes, por uma palavra, por um gesto, por um pranto irrefreável na noite! Agora eu o via fechar os ouvidos para não ouvir o contínuo arrastar dos passos como o estrondo de uma torrente pedregosa.

*

Eram os primeiros dias do despertar da primavera em Flandres. Da camarata em arco (a camarata dos verdadeiros loucos onde então me haviam metido), além dos vidros espessos, além das grades de ferro, eu olhava a cornija delinear-se ao crepúsculo. Uma poeira dourada enchia o prado e mais longe a linha silenciosa da cidade rompida por torres góticas. E assim a cada noite deitando-me na minha prisão eu saudava a primavera. E numa daquelas noites eu soube: o Russo tinha sido morto. A poeira dourada que envolvia a cidade pareceu de repente sublimar-se num sacrifício sanguíneo. Quando a morte me libertará? Supus que os reflexos sanguíneos do crepúsculo trouxessem-me a sua saudação. Fechei as pálpebras, fiquei longamente sem pensamento: naquela noite nada mais chamei. Vi que havia escurecido ao redor. Na camarata havia apenas o bafio e a respiração surda dos loucos adormecidos perseguindo as suas quime-

fondato sul guanciale seguivo in aria delle farfalline che scherzavano attorno alla lampada elettrica nella luce scialba e gelida. Una dolcezza acuta, una dolcezza di martirio, del suo martirio mi si torceva pei nervi. Febbrile, curva sull'orlo della stufa la testa barbuta scriveva. La penna scorreva strideva spasmodica. Perché era uscito per salvare altri uomini? Un suo ritratto di delinquente, un insensato, severo nei suoi abiti eleganti, la testa portata alta con dignità animale: un altro, un sorriso, l'immagine di un sorriso ritratta a memoria, la testa della fanciulla d'Este. Poi teste di contadini russi teste barbute tutte, teste, teste, ancora teste...

*

La penna scorreva strideva spasmodica: perchè era uscito per salvare altri uomini? Curvo, sull'orlo della stufa la testa barbuta, il russo scriveva, scriveva scriveva...

*

Non essendovi in Belgio l'estradizione legale per i delinquenti politici avevano compito l'ufficio i Frati della Carità Cristiana.

ras. Com a cabeça afundada no travesseiro eu seguia pelos ares as mariposas que brincavam em torno da lâmpada elétrica na luz baça e gelada. Uma doçura aguda, uma doçura de martírio, do seu martírio me contraía os nervos. Febril, curvada sobre a borda da lareira a cabeça barbuda escrevia. A pena escorregava estridente espasmódica. Porque saíra para salvar outros homens? Em um dos seus retratos de delinqüente, de um insensato, severo nos seus trajes elegantes, a cabeça erguida com dignidade animal: em outro, um sorriso, a imagem de um sorriso retrata a memória, a cabeça da menina d'Este.[2] Depois cabeças de camponeses russos todas cabeças barbudas, cabeças, cabeças e mais cabeças............

*

A pena escorregava estridente espasmódica: por que saíra para salvar outros homens? Com a cabeça barbuda curvada sobre a borda da lareira, o russo escrevia, escrevia escrevia...

*

Não sendo legal a extradição de delinqüentes políticos na Bélgica haviam cumprido o ofício os Frades da Caridade Cristã.[3]

L'INCONTRO DI REGOLO*

Ci incontrammo nella circonvallazione a mare. La strada era deserta nel calore pomeridiano. Guardava con occhio abbarbagliato il mare. Quella faccia, l'occhio strabico! Si volse: ci riconoscemmo immediatamente. Ci abbracciammo. Come va? Come va? A braccetto lui voleva condurmi in campagna: poi io lo decisi invece a calare sulla riva del mare. Stesi sui ciottoli della spiaggia seguitavamo le nostre confidenze calmi. Era tornato d'America. Tutto pareva naturale ed atteso. Ricordavamo l'incontro di quattro anni fa laggiù in America: e il primo, per la strada di Pavia, lui scalcagnato, col collettone alle orecchie! Ancora il diavolo ci aveva riuniti: per quale perchè? Cuori leggeri noi non pensammo a chiedercelo. Parlammo, parlammo, finchè sentimmo chiaramente il rumore delle onde che si frangevano sui ciottoli della spiaggia. Alzammo la faccia alla luce cruda del sole. La superficie del mare era tutta abbagliante. Bisognava mangiare. Andiamo!

*

Avevo accettato di partire. Andiamo! Senza entusiasmo e senza esitazione. Andiamo. L'uomo o il viaggio, il resto

O ENCONTRO COM REGOLO*

Nos encontramos na circunvalação do mar. A estrada estava deserta no calor da tarde. Olhava o mar com olhos ofuscados. Aquela face, o olho estrábico! Virou-se: nos reconhecemos imediatamente. Nos abraçamos. Como vai? Como vai? De braço dado ele queria conduzir-me ao campo: logo eu o convenci a descer à beira-mar. Estendidos nas pedras da praia prosseguíamos calmos com as nossas confidências. Voltara da América. Tudo parecia normal, igual. Recordávamos o encontro de quatro anos atrás lá na América e o primeiro pela estrada de Pavia, ele esfarrapado, com o colarinho puxado até as orelhas! Novamente o diabo nos reunira, mas por quê? Corações puros, não pensamos em invocá-lo. Falamos, falamos, até que ouvimos inteligivelmente o rumor das ondas que se quebravam nas pedras da praia. Levantamos a face para a luz cruel do sol. A superfície do mar estava totalmente ofuscante. Precisava comer. Vamos!

*

Aceitara partir. Vamos! Sem entusiasmo e sem hesitação. Vamos. O homem ou melhor a viagem, o acaso ou me-

o l'incidente. Ci sentiamo puri. Mai ci eravamo piegati a sacrificare alla mostruosa assurda ragione. Il paese natale: quattro giorni di sguattero, pasto di rifiuti tra i miasmi della lavatura grassa. Andiamo!

*

Impestato a più riprese, sifilitico alla fine, bevitore, scialacquatore, con in cuore il demone della novità che lo gettava a colpi di fortuna che gli riuscivano sempre, quella mattina i suoi nervi saturi l'avevano tradito ed era restato per un quarto d'ora paralizzato dalla parte destra, l'occhio strabico fisso sul fenomeno, toccando con mano irritata la parte immota. Si era riavuto, era venuto da me e voleva partire.

*

Ma come partire? La mia pazzia tranquilla quel giorno lo irritava. La paralisi lo aveva esacerbato. Lo osservavo. Aveva ancora la faccia a destra atona e contratta e sulla guancia destra il solco di una lacrima ma di una lagrima sola, involontaria, caduta dall'occhio restato fisso: voleva partire.

*

lhor o incidente. Nos sentimos puros. Nunca estávamos inclinados a sacrificar-nos à monstruosa absurda razão. A terra natal: quatro dias lavando pratos, comendo refugos entre os miasmas da gordurosa lavadura. Vamos!

*

Muitas vezes contaminado, sifilítico por fim, beberrão, dissipador, trazia no coração o demônio da bizarria que, a golpes de sorte, levava-o a acertar sempre, mas naquela manhã os seus nervos saturados traíram-no e ficara por um quarto de hora com o lado direito paralisado, o olho estrábico parado sobre o fenômeno, tocando com a mão impaciente o lado imóvel. Refizera-se e aproximara-se de mim, queria partir.

*

Mas como partir? Naquele dia a minha loucura tranqüila impacientava-o. A paralisia tinha-o exacerbado. Observava-o. Tinha ainda a face direita átona e contraída e na bochecha direita o sulco de uma lágrima, de uma só lágrima, involuntária, caída do olho parado: queria partir.

*

Camminavo, camminavo nell'amorfismo della gente. Ogni tanto rivedevo il suo sguardo strabico fisso sul fenomeno, sulla parte immota che sembrava attrarlo irresistibilmente: vedevo la mano irritata che toccava la parte immota. Ogni fenomeno è per sè sereno.

*

Voleva partire. Mai ci eravamo piegati a sacrificare alla mostruosa assurda ragione e ci lasciammo stringendoci semplicemente la mano: in quel breve gesto noi ci lasciammo, senza accorgercene ci lasciammo: così puri come due iddii noi liberi liberamente ci abbandonammo all'irreparabile.

Caminhava, caminhava no amorfismo das pessoas. De vez em quando eu revia o seu olhar estrábico parado sobre o fenômeno, sobre o lado imóvel que parecia atraí-lo irresistivelmente: via a mão impaciente que tocava o lado imóvel. Cada fenômeno é por si sereno.

*

Queria partir. Nunca estávamos inclinados a sacrificar-nos à monstruosa absurda razão e nos deixamos simplesmente com um aperto de mão: com aquele breve gesto nos deixamos, sem fadiga nos deixamos: tão puros como dois deuses, livres, livremente nos abandonamos ao irreparável.

PAMPA*

Quiere Usted Mate? uno spagnolo mi profferse a bassa voce, quasi a non turbare il profondo silenzio della Pampa. — Le tende si allungavano a pochi passi da dove noi seduti in circolo in silenzio guardavamo a tratti furtivamente le strane costellazioni che doravano l'ignoto della prateria notturna. — Un mistero grandioso e veemente ci faceva fluire con refrigerio di fresca vena profonda il nostro sangue nelle vene: — che noi assaporavamo con voluttà misteriosa — come nella coppa del silenzio purissimo e stellato.

Quiere Usted Mate? Ricevetti il vaso e succhiai la calda bevanda.

Gettato sull'erba vergine, in faccia alle strane costellazioni io mi andavo abbandonando tutto ai misteriosi giuochi dei loro arabeschi, cullato deliziosamente dai rumori attutiti del bivacco. I miei pensieri fluttuavano: si susseguivano i miei ricordi: che deliziosamente sembravano sommergersi per riapparire a tratti lucidamente trasumanati in distanza, come per un'eco profonda e misteriosa, dentro l'infinita maestà della natura. Lentamente gradatamente io assurgevo all'illusione universale: dalle profondità del mio essere e della terra io ribattevo per le vie del cielo il cammino avventuroso degli uomini verso

PAMPA*

Quiere Usted Mate? um espanhol me ofereceu em voz baixa, como para não perturbar o profundo silêncio do Pampa. — As tendas se alongavam a poucos passos de onde nós sentados em círculo em silêncio olhávamos de repente furtivamente as estranhas constelações que douravam o ignoto da pradaria noturna. — Um mistério grandioso e veemente fazia fluir consolado por fresca veia profunda o nosso sangue nas veias: — que saboreávamos com volúpia misteriosa — como no cálice do silêncio puríssimo e estrelado.

Quiere Usted Mate? Recebi o vaso e suguei a bebida quente.

Deitado na relva virgem, ante as estranhas constelações eu ia abandonando tudo aos misteriosos jogos dos seus arabescos, deliciosamente embalado pelos rumores aplacados do acampamento. Os meus pensamentos flutuavam: sucediam-se as minhas recordações que deliciosamente pareciam submergir para reaparecer às vezes lucidamente transumanizadas na distância, como por um eco profundo e misterioso, na infinita majestade da natureza. Lentamente gradativamente eu ascendia à ilusão universal: das profundezas do meu ser e da terra eu refazia pelas vias celestiais o caminho venturoso dos homens

la felicità a traverso i secoli. Le idee brillavano della più pura luce stellare. Drammi meravigliosi, i più meravigliosi dell'anima umana palpitavano e si rispondevano a traverso le costellazioni. Una stella fluente in corsa magnifica segnava in linea gloriosa la fine di un corso di storia. Sgravata la bilancia del tempo sembrava risollevarsi lentamente oscillando: — per un meraviglioso attimo immutabilmente nel tempo e nello spazio alternandosi i destini eterni..

Un disco livido spettrale spuntò all'orizzonte lontano profumato irraggiando riflessi gelidi d'acciaio sopra la prateria. Il teschio che si levava lentamente era l'insegna formidabile di un esercito che lanciava torme di cavalieri colle lancie in resta, acutissime lucenti: gli indiani morti e vivi si lanciavano alla riconquista del loro dominio di libertà in lancio fulmineo. Le erbe piegavano in gemito leggero al vento del loro passaggio. La commozione del silenzio intenso era prodigiosa.

Che cosa fuggiva sulla mia testa? Fuggivano le nuvole e le stelle, fuggivano: mentre che dalla Pampa nera scossa che sfuggiva a tratti nella selvaggia nera corsa del vento ora più forte ora più fievole ora come un lontano fragore ferreo: a tratti alla malinconia più profonda dell'errante un richiamo:...... dalle criniere dell'erbe scosse come alla malinconia più profonda dell'eterno errante per la Pampa riscossa come un richiamo che fuggiva lugubre.

para a felicidade através dos séculos. As idéias brilhavam da mais pura luz estelar. Dramas maravilhosos, os mais maravilhosos da alma humana palpitavam e se correspondiam através das constelações. Uma estrela flutuante, cadente, magnífica, apontava no horizonte glorioso a decadência de um ciclo histórico. Aliviada a balança do tempo parecia reerguer-se, lentamente, oscilando: — por um maravilhoso átimo imutavelmente no tempo e no espaço alternando-se os destinos eternos......................
Um disco lívido espectral despontou no horizonte distante perfumado irradiando reflexos gelados como aço sobre a pradaria. O crânio que se levantava lentamente era o estandarte formidável de um exército que lançava grupos de soldados com as lanças em riste, aguçadíssimas, luzentes: os índios mortos e vivos lançavam-se à reconquista do seu território em lanço fulminante. A relva, à sua passagem, dobrava-se gemendo ligeiro ao vento. A comoção do silêncio intenso era prodigiosa.

Que coisa fugia sobre a minha cabeça? Fugiam as nuvens e as estrelas, fugiam: enquanto pelo Pampa negra convulsão escapava de repente na selvagem negra correria do vento ora mais forte ora mais fraco ora como um distante fragor férreo: de repente da profunda melancolia do errante vinha um chamado:.......... das crinas da relva convulsa qual profunda melancolia do eterno errante pelo Pampa reconquistado também vinha um chamado que fugia lúgubre.

Ero sul treno in corsa: disteso sul vagone sulla mia testa fuggivano le stelle e i soffi del deserto in un fragore ferreo: incontro le ondulazioni come di dorsi di belve in agguato: selvaggia, nera, corsa dai venti la Pampa che mi correva incontro per prendermi nel suo mistero: che la corsa penetrava, penetrava con la velocità di un cataclisma: dove un atomo lottava nel turbine assordante nel lugubre fracasso della corrente irresistibile.
....

Dov'ero? Io ero in piedi: Io ero in piedi: sulla pampa nella corsa dei venti, in piedi sulla pampa che mi volava incontro: per prendermi nel suo mistero! Un nuovo sole mi avrebbe salutato al mattino! Io correvo tra le tribù indiane? Od era la morte? Od era la vita? E mai, mi parve che mai quel treno non avrebbe dovuto arrestarsi: nel mentre che il rumore lugubre delle ferramenta ne commentava incomprensibilmente il destino. Poi la stanchezza nel gelo della notte, la calma. Lo stendersi sul piatto di ferro, il concentrarsi nelle strane costellazioni fuggenti tra lievi veli argentei: e tutta la mia vita tanto simile a quella corsa cieca fantastica infrenabile che mi tornava alla mente in flutti amari e veementi.

La luna illuminava ora tutta la Pampa deserta e uguale in un silenzio profondo. Solo a tratti nuvole scherzanti un po' colla luna, ombre improvvise correnti per la prateria e ancora una chiarità immensa e strana nel gran silenzio.

Estava no trem em correria: estirado no vagão, sobre a minha cabeça fugiam as estrelas e os sopros do deserto num fragor férreo: ao meu encontro corriam as ondulações como em dorsos de feras emboscadas: na selvagem negra correria dos ventos o Pampa corria ao meu encontro para me envolver no seu mistério: a correria penetrava, penetrava com a velocidade de um cataclisma onde um átomo lutava no turbilhão ensurdecedor, no lúgubre fragor da corrente irresistível.........................

Onde estava? Eu estava em pé: eu estava em pé: sobre o Pampa na correria dos ventos, em pé sobre o Pampa que voava ao meu encontro para me envolver no seu mistério! Um novo sol me saudaria ao amanhecer! Eu corria com as tribos indígenas? Ou era a morte? Ou era a vida? E nunca, me pareceu que nunca aquele trem deveria ter parado: enquanto o rumor lúgubre das ferragens repercutia incompreensivelmente o destino. Depois a canseira no gelo da noite, a calma. Estendido nas placas de ferro, concentrado nas estranhas constelações fugitivas entre leves véus argênteos: e toda a minha vida tão símile àquela correria cega fantástica desenfreada tornava à minha mente em fluxos amargos e veementes.

A lua iluminava agora todo o Pampa deserto e igual num silêncio profundo. Às vezes nuvens brincavam um pouco com a lua, sombras improvisadas que correm pela pradaria e ainda a claridade imensa e estranha no grande silêncio.

La luce delle stelle ora impassibili era più misteriosa sulla terra infinitamente deserta: una più vasta patria il destino ci aveva dato: un più dolce calor naturale era nel mistero della terra selvaggia e buona. Ora assopito io seguivo degli echi di un'emozione meravigliosa, echi di vibrazioni sempre più lontane: fin che pure cogli echi l'emozione meravigliosa si spense. E allora fu che nel mio intorpidimento finale io sentii con delizia l'uomo nuovo nascere: l'uomo nascere riconciliato colla natura ineffabilmente dolce e terribile: deliziosamente e orgogliosamente succhi vitali nascere alle profondità dell'essere: fluire dalle profondità della terra: il cielo come la terra in alto, misterioso, puro, deserto dall'ombra, infinito.

Mi ero alzato. Sotto le stelle impassibili, sulla terra infinitamente deserta e misteriosa, dalla sua tenda l'uomo libero tendeva le braccia al cielo infinito non deturpato dall'ombra di Nessun Dio.

A luz das estrelas agora impassíveis era mais misteriosa sobre a terra infinitamente deserta: uma pátria mais vasta o destino nos havia dado: um calor mais doce, natural, havia no mistério da terra selvagem e boa. Agora sonolento eu seguia os ecos de uma emoção maravilhosa, ecos de vibrações sempre mais distantes: até que com os ecos a emoção maravilhosa também se acabou. E foi então que eu senti, deliciado, no meu entorpecimento final, o homem novo nascer: o homem nascer reconciliado com a natureza indizivelmente doce e terrível: deliciosamente e orgulhosamente nascerem sucos vitais da profundeza do ser: fluir da profundeza da terra: o céu como a terra elevado, misterioso, puro, deserto de sombra, infinito.

Me levantara. Sob as estrelas impassíveis, sobre a terra infinitamente deserta e misteriosa, da sua tenda o homem livre estendia os braços para o céu infinito não deturpado pela sombra de Nenhum Deus.

PASSEGGIATA IN TRAM IN AMERICA E RITORNO

Aspro preludio di sinfonia sorda, tremante violino a corda eletrizzata, tram che corre in una linea nel cielo ferreo di fili curvi mentre la mole bianca della città torreggia come un sogno, moltiplicato miraggio di enormi palazzi regali e barbari, i diademi elettrici spenti. Corro col preludio che tremola si assorda riprende si afforza e libero sgorga davanti al molo alla piazza densa di navi e di carri. Gli alti cubi della città si sparpagliano tutti pel golfo in dadi infiniti di luce striati d'azzurro: nel mentre il mare tra le tanaglie del molo come un fiume che fugge tacito pieno di singhiozzi taciuti corre veloce verso l'eternità del mare che si balocca e complotta laggiù per rompere la linea dell'orizzonte.

Ma mi parve che la città scomparisse mentre che il mare rabbrividiva nella sua fuga veloce. Sulla poppa balzante io già ero portato lontano nel turbinare delle acque. Il molo, gli uomini erano scomparsi fusi come in una nebbia. Cresceva l'odore mostruoso del mare. La lanterna spenta s'alzava. Il gorgoglio dell'acqua tutto annegava irremissibilmente. Il battito forte nei fianchi del bastimento confodeva il battito del mio cuore e ne svegliava un vago dolore intorno come se stesse per aprirsi un bub-

PASSEIO DE BONDE NA AMÉRICA E RETORNO

Áspero prelúdio de sinfonia em surdina, tremente violino de corda eletrizada, bonde que corre em uma linha no céu férreo de fios curvos enquanto a mole branca da cidade domina como um sonho, multiplicada miragem de enormes palácios reais e bárbaros, os diademas elétricos apagados. Corro com o prelúdio que trêmulo ensurdece, recomeça, se fortalece e livre jorra diante do molhe da praça densa de navios e carros. As altas cúpulas da cidade se espalham todas pelo golfo em pontos infinitos de luz estriados de azul: entretanto, pelas tenalhas do molhe como um rio que foge em silêncio repleto de soluços silenciosos o mar corre veloz para a eternidade do mar que brinca e conspira lá em baixo para romper a linha do horizonte.

Mas me pareceu que a cidade sumisse quando o mar encapelava na sua fuga veloz. Na popa balançante eu já ia longe no turbilhão das águas. No molhe, os homens tinham sumido como que fundidos na névoa. Crescia o cheiro monstruoso do mar. O farol apagado se alteava. O gorgolejo da água afogava tudo irremissivelmente. A batida forte nos flancos do barco alterava a batida do meu coração e em torno provocava uma vaga dor como se estivesse por abrir-se um bubão. Eu escu-

bone. Ascoltavo il gorgoglio dell'acqua. L'acqua a volte mi pareva musicale, poi tutto ricadeva in un rombo e la terra e la luce mi erano strappate inconsciamente. Come amavo, ricordo, il tonfo sordo della prora che si sprofonda nell'onda che la raccoglie e la culla un brevissimo istante e la rigetta in alto leggera nel mentre il battello è una casa scossa dal terremoto che pencola terribilmente e fa un secondo sforzo contro il mare tenace e riattacca a concertare con i suoi alberi una certa melodia beffarda nell'aria, una melodia che non si ode, si indovina solo alle scosse di danza bizzarre che la scuotono!

C'erano due povere ragazze sulla poppa: "Leggera, siamo della leggera: te non la rivedi più la lanterna di Genova!" Eh! che importava in fondo! Balasse il bastimento, balasse fino a Buenos-Aires: questo dava allegria: e il mare se la rideva con noi del suo riso così buffo e sornione! Non so se fosse la bestialità irritante del mare, il disgusto che quel grosso bestione col su riso mi dava... basta: i giorni passavano. Tra i sacchi di patate avevo scoperto un rifugio. Gli ultimi raggi rossi del tramonto che illuminavano la costa deserta! costeggiavano da un giorno. Bellezza semplice di tristezza maschia. Oppure a volte quando l'acqua saliva ai finestrini io seguivo il tramonto equatoriale sul mare. Volavano uccelli lontano dal nido ed io pure: ma senza gioia. Poi sdraiato in coperta restavo a guardare gli alberi dondolare nella notte tiepida in mezzo al rumore dell'acqua..................

tava o gorgolejo da água. Às vezes a água me parecia musical, depois tudo recaía num abismo e a terra e a luz eram-me arrebatadas involuntariamente. Como amava, recordo, o baque surdo da proa que se abisma na onda que a recolhe e a embala um brevíssimo instante e arroja-a ágil no alto enquanto o batel abalado pelo terremoto é uma casa que pende terrivelmente e faz um outro esforço contra o mar tenaz e com os seus mastros recomeça a concertar no ar uma certa melodia zombeteira, uma melodia que não se ouve, só se advinha aos abalos da dança bizarra que a sacodem!

Havia duas pobres moças na popa: "Boêmia, somos da boêmia: tu não verás mais o farol de Gênova!" Eh! No fundo, que importava! Que o barco bailasse, bailasse até Buenos Aires: isto causava alegria: e o mar ria-se conosco com seu riso bobo e sorrateiro! Não sei se era a brutalidade irritante do mar, o desgosto que aquela grande besta me causava com seu riso... basta: os dias passavam. Entre os sacos de batatas descobrira um refúgio. Os últimos raios rubros do crepúsculo que iluminavam a costa deserta! Costeavam há um dia. Beleza simples de tristeza máscula. Ou às vezes quando a água subia até as vigias eu seguia o crepúsculo equatorial sobre o mar. Pássaros voavam longe do ninho e eu também: mas sem alegria. Depois deitado na coberta ficava olhando os mastros balançarem na noite tépida em meio ao rumor da água..

Riodo il preludio scordato delle rozze corde sotto l'arco di violino del tram domenicale. I piccoli dadi bianchi sorridono sulla costa tutti in cerchio come una dentiera enorme tra il fetido odore di catrame e di carbone misto al nauseante odor d'infinito. Fumano i vapori agli scali desolati. Domenica. Per il porto pieno di carcasse delle lente file umane, formiche dell'enorme ossario. Nel mentre tra le tanaglie del molo rabbrividisce un fiume che fugge, tacito pieno di singhiozzi taciuti fugge veloce verso l'eternità del mare, che si balocca e complotta laggiù per rompere la linea dell'orizzonte.

De novo ouço o prelúdio dissonante das rudes cordas sob o arco de violino do bonde dominical. Os pequenos pontos brancos sorriem sobre a costa todos circulares como uma dentadura enorme no fétido cheiro de alcatrão e de carvão misturado ao nauseante cheiro de infinito. Os vapores exalam nos desolados cais. Domingo. Pelo porto repleto de carcaças de lentas filas humanas, formigas do enorme ossário. Entretanto pelas tenalhas do molhe se encapela um rio que foge em silêncio repleto de soluços silenciosos foge veloz para a eternidade do mar que brinca e conspira lá em baixo para romper a linha do horizonte.

SCIROCCO (Bologna)

Era una melodia, era un alito? Qualche cosa era fuori dei vetri. Aprìi la finestra: era lo Scirocco: e delle nuvole in corsa al fondo del cielo curvo (non c'era là il mare?) si ammucchiavano nella chiarità argentea dove l'aurora aveva lasciato un ricordo dorato. Tutto attorno la città mostrava le sue travature colossali nei palchi aperti dei suoi torrioni, umida ancora della pioggia recente che aveva imbrunito il suo mattone: dava l'immagine di un grande porto, deserto e velato, aperto nei suoi granai dopo la partenza avventurosa nel mattino: mentre che nello Scirocco sembravano ancora giungere in soffii caldi e lontani di laggiù i riflessi d'oro delle bandiere e delle navi che varcavano la curva dell'orizzonte. Si sentiva l'attesa. In un brusìo di voci tranquille le voci argentine dei fanciulli dominavano liberamente nell'aria. La città riposava del suo faticoso fervore. Era una vigilia di festa: la Vigilia di Natale. Sentivo che tutto posava: ricordi speranze anch'io li abbandonavo all'orizzonte curvo laggiù: e l'orizzonte mi sembrava volerli cullare coi riflessi frangiati delle sue nuvole mobili all'infinito. Ero libero, ero solo. Nella giocondità dello Scirocco mi beavo dei suoi soffii tenui. Vedevo la nebulosità invernale che fuggiva davanti a lui: le nuvole che si riflettevano laggiù sul lastrico chiazzato in riflessi argentei su la fugace chiarità perlacea dei visi femminili

SIROCO (Bolonha)

Era uma melodia, era um alento? Havia qualquer coisa fora da vidraça. Abri a janela: era o Siroco: e as nuvens em correria no fundo do céu curvo (lá não havia o mar?) se amontoavam na claridade argêntea onde a aurora deixara uma recordação dourada. Tudo em volta da cidade revelava os seus vigamentos colossais nos palcos abertos dos seus torreões, ainda úmidos pela chuva recente que havia avivado o seu tijolo: mostrava a imagem de um grande porto, deserto e velado, aberto em seus granéis depois da partida aventurosa na manhã: entretanto pelo Siroco pareciam ainda chegar em sopros quentes e distantes, lá de baixo, os reflexos dourados das bandeiras e dos navios que varavam a curva do horizonte. Sentia-se a espera. Num sussurro de vozes tranqüilas, as vozes argênteas dos meninos elevavam-se livremente no ar. A cidade repousava da sua fatigante faina. Era véspera de festa: a Véspera de Natal. Sentia que tudo repousava: recordações esperanças também eu abandonava-as ao horizonte curvo lá embaixo: e o horizonte parecia querer embalá-las com os reflexos franjados das suas nuvens móveis até ao infinito. Eu era livre, era só. Na jocosidade do Siroco, em seus sopros tênues, eu me deleitava. Via a nebulosidade invernal que fugia diante dele: as nuvens que se refletiam, lá embaixo, no calçamento manchado, em reflexos argênteos sobre a fugaz claridade perlácea

trionfanti negli occhi dolci e cupi: sotto lo scorcio dei portici seguivo le vaghe creature rasenti dai pennacchi melodiosi, sentivo il passo melodioso, smorzato nella cadenza lieve ed uguale: poi guardavo le torri rosse dalle travi nere, dalle balaustrate aperte che vegliavano deserte sull'infinito.
Era la Vigilia di Natale.

*

Ero uscito: Un grande portico rosso dalle lucerne moresche: dei libri che avevo letti nella mia adolescenza erano esposti a una vetrina tra le stampe. In fondo la luminosità marmorea di un grande palazzo moderno, i fusti d'acciaio curvi di globi bianchi ai quattro lati.

La piazzetta di S. Giovanni era deserta: la porta della prigione senza le belle fanciulle del popolo che altre volte vi avevo viste.

*

Attraverso a una piazza dorata da piccoli sepolcreti, nella scia bianca del suo pennacchio una figura giovine, gli occhi grigi, la bocca dalle linee rosee tenui, passò nella vastità luminosa del cielo. Sbiancava nel cielo fumoso la

dos rostos femininos radiantes nos olhos grandes e doces: sob o escorço dos pórticos, rente aos melodiosos penachos, seguia as vagas criaturas, ouvia o passo melodioso amortecido na cadência leve e igual: depois, pelas vigas negras, pelas balaustradas abertas, eu via as torres vermelhas que velavam desertas sobre o infinito.
Era a Véspera de Natal.

*

Saíra: um grande pórtico vermelho com lâmpadas mourescas: os livros que lera na minha adolescência estavam expostos em uma vitrina entre as publicações. No fundo a luminosidade marmórea de um grande palácio moderno, os fustes de aço curvados pelos globos brancos nos quatro lados.

A pracinha de S. João estava deserta: a porta da prisão sem as belas meninas do povo que outras vezes ali vira.

*

Por uma praça ensolarada, ante pequenos sepulcros, no rastro branco do seu penacho, uma figura juvenil, os olhos grises, a boca de linhas róseas tênues, passou na vastidão luminosa do céu. No céu vaporoso a melodia

melodia dei suoi passi. Qualche cosa di nuovo, di infantile, di profondo era nell'aria commossa. Il mattone rosso ringiovanito dalla pioggia sembrava esalare dei fantasmi torbidi, condensati in ombre di dolore virgineo, che passavano nel suo torbido sogno: (contigui uguali gli archi perdendosi gradatamente nella campagna tra le colline fuori della porta): poi una grande linea che apparve passò: una grandiosa, virginea testa reclina d'ancella mossa di un passo giovine non domo alla cadenza, offrendo il contorno della mascella rosea e forte e a tratti la luce obliqua dell'occhio nero al disopra dell'omero servile, del braccio, onusti di giovinezza: muta.

*

(Le serve ingenue affaccendate colle sporte colme di vettovaglie vagavano pettinate artifiziosamente la loro fresca grazia fuori della porta. Tutta verde la campagna intorno. Le grandi masse fumose degli alberi gravavano sui piccoli colli, la loro linea nel cielo aggiungeva un carattere di fantasia: la luce, un organetto che tentava la modesta poesia del popolo sotto una ciminiera altissima sui terreni vaghi, tra le donne variopinte sulle porte: le contrade cupe della città tutte vive di tentacoli rossi: verande di torri dalle travature enormi sotto il cielo curvo: gli ultimi soffii di riflessi caldi e lontani nella grande chiarità abbagliante e uguale quando per l'arco della

dos seus passos esbranquecia. Qualquer coisa de novo, de infantil, de profundo havia no ar comovido. O tijolo vermelho rejuvenescido pela chuva parecia exalar dos fantasmas turvos, condensados em sombras de virginal pesar, que passavam no seu turvo sonho: (perdendo-se gradativamente na planície entre as colinas dos arrabaldes os arcos contíguos iguais): depois uma grande silhueta que apareceu, uma grandiosa, virginal cabeça de escrava, reclinada, movida por um passo juvenil não domado pela cadência, passou mostrando o contorno do queixo róseo e forte e às vezes a luz oblíqua do olho negro por cima do ombro servil, do braço, repletos de juventude: muda.

*

(As servas ingênuas atarefadas com as esportas cheias de víveres, artificiosamente penteadas, ostentavam a sua viçosa graça pelos arrabaldes. A planície em volta toda verde. As grandes massas vaporosas das árvores caíam sobre as pequenas colinas, a sua silhueta no céu ampliava o caráter fantástico: o dia, nos terrenos baldios, sob uma chaminé altíssima, entre as mulheres variegadas no limiar das portas, um realejo tenteando a modesta poesia do povo: os grandes bairros da cidade todos vivos de tentáculos vermelhos: pelos vigamentos enormes, varandas em torres sob o céu curvo: quando o canhão anunciou o meio-dia, os últimos sopros de refle-

porta mi inoltrai nel verde e il cannone tonò mezzogiorno: solo coi passeri intorno che si commossero in breve volteggio attorno al lago Leonardesco).

xos quentes e distantes na grande claridade ofuscante e igual, pelo arco da porta avancei no verde: sozinho com os pardais em volta que em breve volteio se comoveram em volta do lago Leonardesco.)

LA GIORNATA DI UN NEVRASTENICO
(Bologna)

La vecchia città dotta e sacerdotale era avvolta di nebbie nel pomeriggio di dicembre. I colli trasparivano più lontani sulla pianura percossa di strepiti. Sulla linea ferroviaria si scorgeva vicino, in uno scorcio falso di luce plumbea lo scalo delle merci. Lungo la linea di circonvallazione passavano pomposamente sfumate figure femminili, avvolte in pellicce, i cappelli copiosamente romantici, avvicinandosi a piccole scosse automatiche, rialzando la gorgiera carnosa come volatili di bassa corte. Dei colpi sordi, dei fischi dallo scalo accentuavano la monotonia diffusa nell'aria. Il vapore delle macchine si confondeva colla nebbia: i fili si appendevano e si riappendevano ai grappoli di campanelle dei pali telegrafici che si susseguivano automaticamente.

*

Dalla breccia dei bastioni rossi corrosi nella nebbia si aprono silenziosamente le lunghe vie. Il malvagio vapore della nebbia intristisce tra i palazzi velando la cima delle torri, le lunghe vie silenziose deserte come dopo il saccheggio. Delle ragazze tutte piccole, tutte scure, artifiziosamente avvolte nella sciarpa traversano saltellan-

A JORNADA DE UM NEURASTÊNICO
(Bolonha)

A velha cidade douta e sacerdotal estava envolta em névoas na tarde de dezembro. Muito longe as colinas transpareciam na planície percorrida por estrépitos. Sobre a linha férrea esbatia-se o cais de mercadorias num escorço falso de luz plúmbea. Ao longo da linha de circunvalação passavam pomposamente esfumadas figuras femininas envoltas em peliças, os cabelos copiosamente ornados, chegando-se em pequenos saltos automáticos, realçando o pescoço carnoso como voláteis de baixa corte. Os golpes surdos, os silvos do cais acentuavam a monotonia difusa no ar. O vapor das máquinas se confundia com a névoa: os fios se apensavam e se reapensavam na penca de argolas dos postes telegráficos que se sucediam automaticamente.

*

Pela brecha dos bastiões rúbidos corroídos abrem-se na névoa silenciosamente as longas ruas. O malvado vapor da névoa estiola-se entre os palácios velando o cume das torres, as longas ruas silenciosas desertas como depois de saqueadas. As moças, todas pequenas, todas confusas, artificiosamente envoltas em echarpe,

do le vie, rendendole più vuote ancora. E nell'incubo della nebbia, in quel cimitero, esse mi sembrano a un tratto tanti piccoli animali, tutte uguali, saltellanti, tutte nere, che vadano a covare in un lungo letargo un loro malefico sogno.

*

Numerose le studentesse sotto i portici. Si vede subito che siamo in un centro di cultura. Guardano a volte coll'ingenuità di Ofelia, tre a tre, parlando a fior di labbra. Formano sotto i portici il corteo pallido e interessante delle grazie moderne, le mie colleghe, che vanno a lezione! Non hanno l'arduo sorriso d'Annunziano palpitante nella gola come le letterate, ma più raro un sorriso e più severo, intento e masticato, di prognosi riservata, le scienziate.

*

(Caffè) È passata la Russa. La piaga delle sue labbra ardeva nel suo viso pallido. È venuta ed è passata portando il fiore e la piaga delle sue labbra. Con un passo elegante, troppo semplice troppo conscio è passata. La neve seguita a cadere e si scioglie indifferente nel fango della via. La sartina e l'avvocato ridono e chiaccherano.

saltitando atravessam as ruas, tornando-as ainda mais vazias. E no pesadelo da névoa, naquele cemitério, elas lembram-me, de repente, muitos animais pequenos, todos iguais, saltitantes, todos negros, que vão incubar numa longa letargia um maléfico sonho.

*

Numerosas as estudantes sob os pórticos. Logo se vê que estamos em um centro de cultura. Olham às vezes com a ingenuidade de Ofélia, três a três, falando em voz baixa. Formam sob os pórticos o cortejo pálido e interessante da graça moderna, as minhas colegas que vão à aula! Não têm o árduo sorriso d'annunziano palpitante na goela como as literatas, mas um sorriso mais raro e mais severo, objetivo e ponderado, de prognósticos reservados, as sábias.

*

(Café) Foi-se a Russa. A ferida dos seus lábios ardia no seu rosto pálido. Veio e foi-se levando a flor e a ferida dos seus lábios. Foi-se com um passo elegante, muito simples, muito ciente. A neve continua a cair e se dissolve indiferente na lama da rua. A modista e o advogado riem e cacarejam. Os cocheiros encapotados ar-

I cocchieri imbacuccati tirano fuori la testa dal bavero come bestie stupite. Tutto mi è indifferente. Oggi risalta tutto il grigio monotono e sporco della città. Tutto fonde come la neve in questo pantano: e in fondo sento che è dolce questo dileguarsi di tutto quello che ci ha fatto soffrire. Tanto più dolce che presto la neve si stenderà ineluttabilmente in un lenzuolo bianco e allora potremo riposare in sogni bianchi ancora.

C'è uno specchio avanti a me e l'orologio batte: la luce mi giunge dai portici a traverso le cortine della vetrata. Prendo la penna: Scrivo: cosa, non so: ho il sangue alle dita: scrivo: "l'amante nella penombra si aggraffia al viso dell'amante per scarnificare il suo sogno..... ecc."

*(*Ancora per la via*) Tristezza acuta. Mi ferma il mio antico compagno di scuola, già allora bravissimo ed ora di già in belle lettere guercio professor purulento: mi tenta, mi confessa con un sorriso sempre più lercio. Conclude: potresti provare a mandare qualcosa all'Amore Illustrato. (*Via*) Ecco inevitabile sotto i portici lo sciame aeroplanante delle signorine intellettuali, che ride e fa glu glu mostrando i denti, in caccia, sembra, di tutti i nemici della scienza e della cultura, che va a frangere ai piedi della cattedra. Già è l'ora! vado a infangarmi in mezzo alla via: l'ora che l'illustre somiero rampa con il suo carico di nera scienza catalogale............................*

..

rancam o capuz da cabeça como animais estúpidos. Tudo me é indiferente. Hoje sobressai todo o gris monótono e sujo da cidade. Tudo se funde como a neve neste pântano: e no fundo sinto que é doce este dissipar-se de tudo aquilo que nos fez sofrer. Tanto mais doce que logo a neve se estenderá inelutavelmente em um lençol branco e então poderemos repousar ainda em sonhos brancos.

Há um espelho diante de mim e o relógio bate: a luz dos pórticos chega-me através das cortinas da vidraça. Pego a pena: Escrevo: qualquer coisa, não sei: tenho sangue nos dedos: escrevo: "na penumbra a amante arranha o rosto do amante para escarnar o seu sonho..... etc".

(*Ainda pela rua*) Tristeza aguda. O meu antigo companheiro de escola, até então valoroso e agora vesgo professor purulento de belas-letras me pára: me provoca, confessa com um sorriso sempre mais asqueroso e conclui: poderias mandar qualquer coisa ao *Amor Ilustrado*. (*Rua*) Inevitável sob os pórticos o enxame aeroplanante das senhorinhas intelectuais, que ri e faz gluglu mostrando os dentes, à caça, parece, de todos os inimigos da ciência e da cultura para vergá-los aos pés da cátedra. A hora é essa! Vou enlamear-me no meio da rua: a hora em que a ilustre besta baixa com a sua carga de negra ciência catalogal..
....

Sull'uscio di casa mi volgo e vedo il classico, baffuto, colossale emissario...
...

Ah! i diritti della vecchiezza! Ah! quanti maramaldi!

*

(Notte) Davanti al fuoco lo specchio. Nella fantasmagoria profonda dello specchio i corpi ignudi avvicendano muti: e i corpi lassi e vinti nelle fiamme inestinte e mute, e come fuori del tempo i corpi bianchi stupiti inerti nella fornace opaca: bianca, dal mio spirito esausto silenziosa si sciolse, Eva si sciolse e mi risvegliò.

Passeggio sotto l'incubo dei portici. Una goccia di luce sanguigna, poi l'ombra, poi una goccia di luce sanguigna, la dolcezza dei seppelliti. Scompaio in un vicolo ma dall'ombra sotto un lampione s'imbianca un'ombra che ha le labbra tinte. O Satana, tu che le troie notturne metti in fondo ai quadrivii, o tu che dall'ombra mostri l'infame cadavere di Ofelia, o Satana abbi pietà della mia lunga miseria!

Na porta de casa me viro e vejo o clássico, bigodudo, colossal emissário..
....

Ah! Os direitos da velhice! Ah! Quantos covardes!

*

(Noite) Diante do fogo o espelho. Na fantasmagoria profunda do espelho os corpos desnudos chegavam-se mudos: e os corpos lassos e vencidos nas chamas inextintas e mudas, e como se fora do tempo os corpos brancos estupefatos inertes na fornalha opaca: branca, do meu espírito exausto, silenciosa Eva se dissolveu, se dissolveu e me despertou.

Passeio sob o pesadelo dos pórticos. Uma gota de luz sanguínea, depois a sombra, depois uma gota de luz sanguínea, a doçura dos sepultados. Sumo numa viela, mas da sombra sob um lampião se embranca uma sombra que tem os lábios tintos. Oh Satã, tu que pões as porcas da noite no abismo dos quadrívios, oh tu que da sombra expões o infame cadáver de Ofélia, oh Satã tem piedade da minha longa miséria!

SOGNO DI PRIGIONE*

Nel viola della notte odo canzoni bronzee. La cella è bianca, il giaciglio è bianco. La cella è bianca, piena di un torrente di voci che muoiono nelle angeliche cune, delle voci angeliche bronzee è piena la cella bianca. Silenzio: il viola della notte: in rabeschi dalle sbarre bianche il blu del sonno. Penso ad Anika: stelle deserte sui monti nevosi: strade bianche deserte: poi chiese di marmo bianche: nelle strade Anika canta: un buffo dall'occhio infernale la guida, che grida. Ora il mio paese tra le montagne. Io al parapetto del cimitero davanti alla stazione che guardo il cammino nero delle macchine, sù, giù. Non è ancor notte; silenzio occhiuto di fuoco: le macchine mangiano rimangiano il nero silenzio nel cammino della notte. Un treno: si sgonfia arriva in silenzio, è fermo: la porpora del treno morde la notte: dal parapetto del cimitero le occhiaie rosse che si gonfiano nella notte: poi tutto, mi pare, si muta in rombo: Da un finestrino in fuga io? io ch'alzo le braccia nella luce!! *(il treno mi passa sotto rombando come un demonio.)*

SONHO DE PRISÃO

No violáceo da noite ouço canções brônzeas. A cela é branca, o catre é branco. A cela é branca, repleta de uma torrente de vozes que morrem nos angelicais berços, de vozes angelicais brônzeas está repleta a cela branca. Silêncio: o violáceo da noite: em arabescos pelas grades brancas o azul do sono. Penso em Anika: estrelas solitárias sobre montes nevosos: ruas brancas solitárias: depois igrejas de mármore brancas: nas ruas Anika canta: um bobo de olho infernal, gritando, guia-a. Agora a minha cidade entre as montanhas. Do parapeito do cemitério diante da estação eu vejo o caminho negro das máquinas, subir, descer. Ainda não é noite; silêncio de olhos de fogo: as máquinas mastigam e remastigam o negro silêncio no caminho da noite. Um trem: chega em silêncio, pára, se esvaza: as fagulhas do trem mordem a noite: do parapeito do cemitério os olhos rubros vazam na noite: depois, me parece, tudo move-se, estronda: *Eu fugindo por uma janelinha? eu que ergo os braços na luz !!* (o trem passa sobre mim estrondando como um demônio.)

CREPUSCOLO MEDITERRANEO

Crepuscolo mediterraneo perpetuato di voci che nella sera si esaltano, di lampade che si accendono, chi t'inscenò nel cielo più vasta più ardente del sole notturna estate mediterranea? Chi può dirsi felice che non vide le tue piazze felici, i vichi dove ancora in alto battaglia glorioso il lungo giorno in fantasmi d'oro, nel mentre a l'ombra dei lampioni verdi nell'arabesco di marmo un mito si cova che torce le braccia di marmo verso i tuoi dorati fantasmi, notturna estate mediterranea? Chi può dirsi felice che non vide le tue piazze felici? E le tue vie tortuose di palazzi e palazzi marini e dove il mito si cova? Mentre dalle volte un altro mito si cova che illumina solitaria limpida cubica la lampada colossale a spigoli verdi? Ed ecco che sul tuo porto fumoso di antenne, ecco che sul tuo porto fumoso di molli cordami dorati, per le tue vie mi appaiono in grave incesso giovani forme, di già presaghe al cuore di una bellezza immortale appaiono rilevando al passo un lato della persona gloriosa, del puro viso ove l'occhio rideva nel tenero agile ovale. Suonavano le chitarre all'incesso della dea. Profumi varii gravavano l'aria, l'accordo delle chitarre si addolciva da un vico ambiguo nell'armonioso clamore della via che ripida calava al mare. Le insegne rosse delle botteghe promettevano vini d'oriente dal profondo splendore opalino mentre a me trepidante la vita pas-

CREPÚSCULO MEDITERRÂNEO

Crepúsculo mediterrâneo perpetuado por vozes que na noite se exaltam, por lâmpadas que se acendem, quem te encenou no céu tão vasto tão ardente quanto o sol, noturno verão mediterrâneo? Quem pode dizer-se feliz se não viu as praças felizes, as ruelas onde ainda no alto batalha glorioso o longo dia em fantasmas dourados, enquanto à sombra dos lampiões verdes no arabesco de mármore um mito se incuba torcendo os braços de mármore para os teus dourados fantasmas, noturno verão mediterrâneo? Quem pode dizer-se feliz se não viu as praças felizes? E as ruas tortuosas de palácios e palácios marinhos onde o mito se incuba, enquanto pelas arcadas se incuba um outro mito que a lâmpada solitária límpida cúbica colossal em arestas verdes ilumina? E eis que pelo teu porto vaporoso de vergas, e eis que pelo teu porto vaporoso de moles cordames dourados, pelas tuas ruas aparecem-me em grave passo formas juvenis que prenunciam ao coração uma beleza imortal, realçando, ao passar, um lado da gloriosa pessoa, do puro rosto onde o olho sorria no tenro ágil oval. As guitarras tocavam à passagem da deusa. Perfumes vários carregavam o ar, o acorde das guitarras se atenuava por uma ruela ambíguo no harmonioso clamor da rua que íngrime descia ao mar. Os cartazes vermelhos das bodegas prometiam vinhos orientais de profundo esplendor opalino enquanto

sava avanti nelle immortali forme serene. E l'amaro, l'acuto balbettìo del mare subito spento all'angolo di una via: spento, apparso e subito spento!

Il Dio d'oro del crepuscolo bacia le grandi figure sbiadite sui muri degli alti palazzi, le grandi figure che anelano a lui come a un più antico ricordo di gloria e di gioia. Un bizzaro palazzo settecentesco sporge all'angolo di una via, signorile e fatuo, fatuo della sua antica nobilità mediterranea. Ai piccoli balconi i sostegni di marmo si attorcono in sè stessi con bizzarria. La grande finestra verde chiude nel segreto delle imposte la capricciosa speculatrice, la tiranna agile bruno rosata, e la via barocca vive di una duplice vita: in alto nei trofei di gesso di una chiesa gli angioli paffuti e bianchi sciolgono la loro pompa convenzionale mentre che sulla via le perfide fanciulle brune mediterranee, brunite d'ombra e di luce, si bisbigliano all'orecchio al riparo delle ali teatrali e pare fuggano cacciate verso qualche inferno in quell'esplosione di gioia barocca: mentre tutto tutto si annega nel dolce rumore dell'ali sbattute degli angioli che riempie la via.

diante de mim, temeroso, a vida passava trepidante nas imortais formas serenas. E o amargo, agudo balbucio do mar subitamente extinto na esquina de uma rua: extinto, sobrevindo e subitamente extinto!

O Deus dourado do crepúsculo beija as grandes figuras desbotadas sobre os muros dos altos palácios, as grandes figuras que anseiam por ele como por uma recordação mais antiga de glória e alegria. Um bizarro palácio setecentista debruça-se na esquina de uma rua, senhoril e fátuo, fátuo da sua antiga nobreza mediterrânea. Nos pequenos balcões os suportes de mármore se retorcem com bizarria. A grande janela verde esconde no íntimo das cornijas a caprichosa especuladora, a tirana ágil bruno-rosada, e a rua barroca vive uma vida dupla: no alto, nos troféus de gesso de uma igreja os anjinhos gorduchos e brancos livram-se da sua pompa convencional enquanto na rua as pérfidas meninas bruno-mediterrâneas, brunidas por sombra e luz, bisbilhotam baixinho ao abrigo das asas teatrais e parece que, caçadas, fogem para algum inferno naquela explosão de alegria barroca enquanto tudo tudo se afoga no doce rumor das asas agitadas dos anjinhos que enchem a rua.

DUALISMO (Lettera aperta a Manuelita Etchegarray)*

Voi adorabile creola dagli occhi neri e scintillanti come metallo in fusione, voi figlia generosa della prateria nutrita di aria vergine voi tornate ad apparirmi col ricordo lontano: anima dell'oasi dove la mia vita ritrovò un istante il contatto colle forze del cosmo. Io vi rivedo Manuelita, il piccolo viso armato dell'ala battagliera del vostro cappello, la piuma di struzzo avvolta e ondulante eroicamente, i vostri piccoli passi pieni di slancio contenuto sopra il terreno delle promesse eroiche! Tutta mi siete presente esile e nervosa. La cipria sparsa come neve sul vostro viso consunto da un fuoco interno, le vostre vesti di rosa che proclamavano la vostra verginità come un'aurora piena di promesse! E ancora il magnetismo di quando voi chinaste il capo, voi fiore meraviglioso di una razza eroica, mi attira non ostante il tempo ancora verso di voi! Eppure Manuelita sappiatelo se lo potete: io non pensavo, non pensavo a voi: io mai non ho pensato a voi. *Di notte nella piazza deserta, quando nuvole vaghe correvano verso strane costellazioni, alla triste luce elettrica io sentivo la mia infinita solitudine. La prateria si alzava come un mare argentato agli sfondi, e rigetti di quel mare, miseri, uomini feroci, uomini ignoti chiusi nel loro cupo volere, storie sanguinose subito dimenticate che rivivevano improvvisamente nella notte, tessevano at-*

DUALISMO (Carta aberta a Manuelita Etchegarray)

Tu, adorável crioula dos olhos negros e cintilantes como metal em fusão, tu, filha generosa da pradaria nutrida de ar virgem tu ressurges em minha memória: alma do oásis onde a minha vida recobrou um instante o contato com as forças do cosmo. Eu te revejo Manuelita, o pequeno rosto armado pela aba batalhadora do teu chapéu, a pluma de avestruz enroscada e heroicamente ondulante, os teus pequenos passos plenos de saltos contidos sobre a terra das promessas heróicas! Frágil e vigorosa estás totalmente presente em mim. O pó-de-arroz espalhado como neve sobre teu rosto consumido por um fogo interior, os teus vestidos rosados que proclamavam a tua virgindade como uma aurora plena de promessas! E não obstante o tempo, desde que inclinaste a cabeça, flor maravilhosa de uma raça heróica, o magnetismo me atrai mais para junto de ti! Ainda assim Manuelita, creia-me se puderes: *eu não pensava, não pensava em ti: eu nunca pensei em ti.* De noite na praça deserta, quando nuvens errantes corriam para estranhas constelações, à triste luz elétrica eu sentia a minha infinita solidão. Ao fundo a pradaria se alçava como um mar argentado, e rejeitados daquele mar, míseros, homens ferozes, homens desconhecidos imersos em sua vontade profunda, reviviam improvisadamente na noite histórias sangrentas subita-

torno a me la storia della città giovine e feroce, conquistatrice implacabile, ardente di un'acre febbre di denaro e di gioie immediate. Io vi perdevo allora Manuelita, perdonate, tra la turba delle signorine elastiche dal viso molle inconsciamente feroce, violentemente eccitante tra le due bande di capelli lisci nell'immobilità delle dee della razza. Il silenzio era scandito dal trotto monotono di una pattuglia: e allora il mio anelito infrenabile andava lontano da voi, verso le calme oasi della sensibilità della vecchia Europa e mi si stringeva con violenza il cuore. Entravo, ricordo, allora nella biblioteca: io che non potevo Manuelita io che non sapevo pensare a voi. Le lampade elettriche oscillavano lentamente. Su da le pagine risuscitava un mondo defunto, sorgevano immagini antiche che oscillavano lentamente coll'ombra del paralume e sovra il mio capo gravava un cielo misterioso, gravido di forme vaghe, rotto a tratti da gemiti di melodramma: larve che si scioglievano mute per rinascere a vita inestinguibile nel silenzio pieno delle profondità meravigliose del destino. Dei ricordi perduti, delle immagini si componevano già morte mentre era più profondo il silenzio. Rivedo ancora Parigi, Place d'Italie, le baracche, i carrozzoni, i magri cavalieri dell'irreale, dal viso essicato, dagli occhi perforanti di nostalgie feroci, tutta la grande piazza ardente di un concerto infernale stridente e irritante. Le bambine dei Bohemiens, i capelli sciolti, gli occhi arditi e profondi congelati in un languore ambiguo amaro attorno dello stagno liscio e deserto. E in fine Lei, dimentica, lontana, l'amore, il suo viso di zingara

mente esquecidas, teciam em torno de mim a história da cidade jovem e feroz, conquistadora implacável, ardente em acre febre de dinheiro e de alegria imediatas. Então eu te perdia Manuelita, perdoa-me, entre a turba de senhorinhas maleáveis de rosto macio involuntariamente feroz, violentamente excitante entre as duas bandas de cabelo liso na imobilidade das deusas da raça. O silêncio era medido pelo trote monótono de uma patrulha: e então o meu alento irrefreável movia-se distante de ti, para os calmos oásis da sensibilidade da velha Europa e me apertava com violência o coração. Então, recordo, entrava na biblioteca: eu que não podia Manueli-ta, eu que não sabia pensar em ti. As lâmpadas elétricas oscilavam lentamente. Sobre as páginas ressuscitava um mundo defunto, surgiam imagens antigas que oscilavam lentamente com a sombra do abajur e sobre a minha cabeça gravava um céu misterioso, grávido de formas errantes, rompido às vezes por gemidos de melodrama: espectros que se dissolviam mudos para renascerem em vida inextinguível no silêncio pleno da profundeza maravilhosa do destino. Das recordações perdidas, das imagens já mortas se criavam quanto mais profundo era o silêncio. Revejo ainda Paris, Place d'Italie, as barracas, os carroções, os magros cavaleiros do irreal, com rosto ressequido, com olhos perfurantes de nostalgias ferozes, toda a grande praça ardente em um concerto infernal estridente e irritante. Os filhos dos Boêmios,[1] com os cabelos soltos, com os olhos ardilosos e profundos congelados num langor ambíguo amargo em torno do lago liso e deserto. E

nell'onda dei suoni e delle luci che si colora di un incanto irreale: e noi in silenzio attorno allo stagno pieno di chiarori rossastri: e noi ancora stanchi del sogno vagabondare a caso per quartieri ignoti fino a stenderci stanchi sul letto di una taverna lontana tra il soffio caldo del vizio noi là nell'incertezza e nel rimpianto colorando la nostra voluttà di riflessi irreali!

....

E così lontane da voi passavano quelle ore di sogno, ore di profondità mistiche e sensuali che scioglievano in tenerezze i grumi più acri del dolore, ore di felicità completa che aboliva il tempo e il mondo intero, lungo sorso alle sorgenti dell'Oblio! E vi rivedevo Manuelita poi: che vigilavate pallida e lontana: voi anima semplice chiusa nelle vostre semplici armi.

So Manuelita: voi cercavate la grande rivale. So: la cercavate nei miei occhi stanchi che mai non vi appresero nulla. Ma ora se lo potete sappiate: io dovevo restare fedele al mio destino: era un'anima inquieta quella di cui mi ricordavo sempre quando uscivo a sedermi sulle panchine della piazza deserta sotto le nubi in corsa. Essa era per cui solo il sogno mi era dolce. Essa era per cui io dimenticavo il vostro piccolo corpo convulso nella stretta del guanciale, il vostro piccolo corpo pericoloso tutto adorabile di snellezza e di forza. E pure vi giuro Manuelita io vi amavo vi amo e vi amerò sempre più di qualunque altra donna........... dei due mondi.

enfim Ela, esquecida, distante, o amor, o seu rosto de cigana na onda dos sons e das luzes que se colore de um encanto irreal: e nós em silêncio em torno do lago pleno de claridades ruivas: e nós ainda lassos do sonho a vagabundear ao acaso por quarteirões desconhecidos até estender-nos lassos no estrado de uma taberna distante em meio ao sopro quente do vício nós lá na incerteza e na saudade colorindo a nossa volúpia de reflexos irreais!

....

E assim distantes de ti passavam aquelas horas de sonho, horas de profundezas místicas e sensuais que dissolviam tenramente os grumos mais acres da dor, horas de felicidade completa que abolia o tempo e o mundo inteiro, longo sorvo ao surgir do Olvido! E logo te revia Manuelita, a ti que vigias pálida e distante: tu, alma simples imersa nas tuas armas simples.

Sei Manuelita: procuravas a grande rival. Sei: procuravas-a nos meus olhos lassos que nunca te ensinaram nada. Mas agora creia-me se puderes: eu devia manter-me fiel ao meu destino: era uma alma inquieta aquela de quem me recordava sempre que saía a sentar-me nos bancos da praça deserta sob as nuvens em correria. Só por ela o sonho me era doce. Por ela eu esquecia o teu pequeno corpo convulso no aperto do travesseiro, o teu pequeno corpo perigoso todo adorável de esbeltez e de força. E também te juro Manuelita, eu te amava te amo e te amarei sempre mais que qualquer outra mulher..... dos dois mundos.[2]

NOTAS

O RUSSO

Em fevereiro de 1910, ao retornar de sua viagem pela América do Sul, Campana aportou na Bélgica e, por não ter residência ou trabalho conhecidos, foi encarcerado por alguns meses, tendo nestas circunstâncias conhe-cido o personagem em questão que em muitos episó-dios lembra o próprio autor, quer por seu espírito humanitário, quer pela compulsão para escrever. Eis o relato do Poeta: "De passagem pela Bélgica me prenderam e me puseram por dois meses numa cela da prisão de St. Gilles. Havia loucos e não-loucos. Depois, porque não tinha lugar fixo e sofria de instabilidade, internaram-me em uma espécie de casa de saúde em Tournay. Era um abrigo para pessoas decadentes, uma espécie de manicômio. Lá encontrei aquele russo que nunca quis dizer-me o seu nome. Era um dos muitos russos que erravam pelo mundo, que não sabem o que fazer. Eles são um pouco intelectuais, escrevem, fazem uma coisa ou outra e no mais morrem de fome. No exterior eles acabam mudando de idéia, conspiram para remodernizar a Rússia e depois são mandados para a Sibéria." (Pariani, C. citado por Ceragioli. F. em *Canti orfici*, p. 381)

1. Com a ortografia da edição original, ou seja: *Tombè* por *Tombé*; *céléstial* por *célestial*; *pourrissante* por *pourrissant*; *Se* por *Je*; *réjetée* por *rejetée*; *Tom* por *Ton* e *déséspérée* por *désesperée*. — "Caído no inferno / Fervilhante de seres humanos / Oh Russo me apareceste / Súbito, celestial / Em meio ao clamor / Do fervilhamento brutal / De uma lassa humanidade / Apodrecendo por si mesma. / Eu vi tua barba ruiva / Fulgurante a um canto / Tua alma eu vi também / Pelo abismo rejeitada / Tua alma no abraço / O abraço desesperado / Das Quimeras fulgurantes / Nos miasmas humanos. / Eis que tu etc, etc."

2. Beatrice d'Este, quadro de Leonardo da Vinci.

3. Os Fratelli della Carità era uma congregação fundada em 1807 para cuidar dos doentes, dos velhos e também para educar os jovens. Aqui o poeta demonstra o seu anticatolicismo, acrescentando o adjetivo "cristã" ao nome da instituição.

*

O ENCONTRO COM REGOLO

Regolo e o Russo são os únicos personagens masculinos dos *Cantos órficos*, mas diferentemente do último, Regolo é um personagem mais nítido, com nome próprio e até com trabalho definido. Em poucas palavras,

o Poeta revela seus encontros fortuitos com Regolo: "Chamava-se Regolo Orlandelli e era de Mântua. Encontrei-o na Argentina, em Baía Blanca. Tinha-o conhecido em Milão. Viajava pelo mundo. Na América tinha uma agência de emprego e em Milão era comerciante ambulante. Quando voltei da Argentina, encontrei-o por acaso em Gênova. Creio que está morto, certamente está morto."

*

PAMPA

Pampa representa a adesão de Campana ao Novo Mundo e, com meio século de antecedência, constitui uma viagem psicodélica transcendental pela terra nova, intocada e selvagem da América Latina, donde surgiria o Novo Homem que lançaria os fundamentos de uma nova história.

*

SONHO DE PRISÃO

O texto revela a angústia do poeta internado no manicômio de Tournay, a impossibilidade de safar-se de experiências tão contrastantes e que praticamente se

superpõem — do espaço ilimitado do Pampa, da travessia oceânica, para os rigores de uma cela — por mais que esteja calejado pelas asperezas da vida peregrina que se impõe. Assim, involuntariamente, o desejo de evadir-se é sublimado na figura de um trem que, em correria, arrebata-o, mas ao invés de conduzi-lo a lugar seguro, bizarramente, diabolicamente, o conduz à morte.

*

DUALISMO (Carta aberta a Manuelita Etchegarray)

Publicada pela primeira vez no jornal *O Papiro* com o título "Dualismo: Recordações de um vagabundo. Carta aberta a Manuelita Etchegarray", o texto contrapõe o mundo citadino, civilizado, europeu a que o poeta estava habituado à realidade feroz de uma menina de Baía Blanca, filha de um notário, seu vizinho naquela província argentina.

1. Os ciganos, com quem o poeta conviveu, são figuras recorrentes em sua obra.
2. A rival de Manuelita na América ou na Europa é a poesia que assume o rosto de muitas mulheres.

Este livro foi impresso na cidade de São Paulo,
em março de 1999, pela OESP Gráfica
para a Editora Nova Aguilar.
O tipo usado no texto foi Apollo 11/13.
Os fotolitos de miolo e capa foram feitos pela ACE.
O papel de miolo é off-set 75g
e o da capa cartão supremo 250g.